# LE SOLITAIRE AGENAIS

A

TOUS LES VRAIS AMIS DU PEUPLE.

# LE
# SOLITAIRE AGENAIS

A TOUS LES VRAIS

## AMIS DU PEUPLE.

AGEN,

IMPRIMERIE DE PROSPER NOUBEL.

1848.

Pourquoi n'existe-il pas une histoire impartiale de la révolution française ? — Qu'entend-on par révolution?—Quelles en sont les causes ? --- Quelle a été la marche de l'incrédulité ? --- Tristes effets du système de Lauw.--- Qui a donné la première impulsion à la révolution depuis long-temps opérée dans les esprits? --- Portrait de Voltaire. — La dynastie de Louis-Philippe touche à sa fin. — Pourquoi ?.. . . . . . .
. . . . . . . . . . . . . .

Réflexions sur la révolution de février 1848.

# AVANT-PROPOS.

Le Solitaire n'avait pas l'intention de réunir dans une brochure spéciale les réflexions qu'il soumet aujourd'hui à la juste appréciation de ses concitoyens. Elles étaient imprimées, et elles devaient servir de préface à un ouvrage qui est encore sous presse, lorsque les journées de Février ont tout-à-coup changé la face du gouvernement.

Cependant comme bien des gens ne tarderont pas à se donner le titre de prophète, s'inclineront, s'aplatiront même s'il le faut jusques sous les pieds des Républicains qu'ils méprisaient hier encore, et vendront sans honte leur conscience usée par tous les serments possibles pour conserver leurs emplois; ou se mettre à la place de leurs voisins, de leurs frères, de leurs amis, le Solitaire croit remplir le devoir d'un bon citoyen, d'un honnête homme en livrant au public le fruit de ses veilles et de ses méditations.

Puisse cet opuscule nous faire connaître tels que nous sommes! Puisse-t-il convaincre ceux qui nous lisent, que nous n'avons d'autre désir que celui du bien; d'autre but que la fin de nos discordes civiles, d'autre vœu que celui que tout cœur Français doit former pour le bonheur du peuple!...

LE SOLITAIRE.

# LE SOLITAIRE AGENAIS

## A TOUS LES VRAIS AMIS DU PEUPLE.

Lorsqu'un grand peuple, après une grande révolution, passe de la servitude à la liberté; de l'arbitraire au règne de la justice; de l'oppression à l'égalité pour tous devant la loi; lorsque, après d'ineffables douleurs, de sublimes dévouements, de longs et généreux sacrifices, des efforts inouïs, il a repris tous ses droits et légué à la génération qui lui succède le glorieux héritage de la liberté conquise, alors il est bien difficile, pour l'historien qui raconte

les évènements de ces jours mémorables ,
de se tenir toujours dans les limites du
vrai, et de ne pas obéir plutôt à des sentiments de sympathie, qu'à ceux de la
justice.

Les maux et les grandes douleurs des
masses longtemps opprimées, toujours
victimes, pèseront moins dans la balance
de cet historien que les maux nécessaires
et passagers d'une certaine classe à laquelle il tient peut-être encore par le plus
intime endroit de son cœur. Quelle impartialité historique peut-on attendre alors
de cet écrivain ?

Il groupera quelques drames particu-
liers et saisissants ; il sollicitera notre pitié
par les descriptions les plus émouvantes ;
il irritera les passions, provoquera les
haines ; il vouera au mépris, il stygmati-
sera sous sa plume brûlante, il couvrira
de boue les noms de ces hommes qui ont
bien mérité de la patrie par leurs sublimes
dévouements à l'intérêt des masses souf-
frantes, et dont les efforts, les sacrifices
ont transmis à la génération présente les

bénéfices de la liberté pour tous, avec les droits sacrés de l'homme si longtemps méconnus.

N'attendez pas de cet écrivain qu'il sacrifie ses sympathies, ses préjugés à la vérité. Non, il n'aura pas assez de liberté d'esprit pour faire la part des nécessités d'un grand peuple, des maux qu'il endurait avec patience, de la justice légale qu'il réclamait, et qu'on lui refusait toujours ; n'attendez pas qu'il parle avec énergie des droits méconnus du peuple, de ses fers qu'on rivait chaque jour davantage ; il ne verra, cet écrivain, qu'un petit point de cette immense scène où se sont passées de si grandes choses ; il ne s'intéressera qu'au sort passager de quelques vaincus ; les masses, leurs souffrances, leur sang versé, leurs longues humiliations ne seront pour lui que d'un bien médiocre intérêt.

Voilà cependant sous quel point de vue quelques écrivains ont écrit et écrivent encore le grand drame de la révolution française !

Ainsi rempli, le rôle de l'historien est aisé : l'art y trouve de faciles succès que lui réservent toujours les sympathies de ceux qu'il flatte et qu'il caresse aux dépens de la vérité qu'il sacrifie. Aussi, les haines, loin de s'éteindre, se transmettent comme un héritage. Les noms des vainqueurs sont en exécration parmi les descendants des vaincus. Enfants de la même patrie, citoyens de la même cité, on se considère comme étrangers ; on se regarde comme ennemis. On dirait que nous n'avons plus les mêmes intérêts généraux qui unissent entre eux tous les membres d'une grande nation : les immenses bienfaits dont la révolution a doté la société, enrichi les masses, ces bienfaits incalculables disparaissent en présence de quelques faits isolés, de quelques souffrances individuelles. On voudrait revenir au passé, en immolant sur l'autel des préjugés les droits inviolables de l'homme, et en refoulant dans le néant cette liberté, seul prix de la victoire du peuple, et sans laquelle il ne peut y avoir ni religion ni patrie.

Tels sont les déplorables effets que produisent sur certains esprits ces histoires que nous appellerons sympathiques ; histoires, où l'esprit de parti se montre partout ; où l'on ne voit que des assassins et des victimes ; le sang et le meurtre ; des noyades et d'horribles tueries : histoires, où la révolution est toujours hideuse, toujours couverte de haillons, toujours dégoûtante de boue ; histoires, où l'on cache sous des ruines cette éclatante lumière qui jaillit de toutes parts des grands événements politiques et religieux, qui se sont accomplis par la révolution pour le bonheur de tous et la gloire de la nation.

Sans doute, elle est hideuse à voir la révolution ainsi représentée ! Mais est-ce bien là sa vraie physionomie, et mérite-t-on le titre d'historien lorsqu'on ne la dépeint que sous cette face qui ne dit rien de ce qu'elle a été, et qui la rend méconnaissable ?

Mais il est encore d'autres historiens non moins blâmables, quoique suivant une route tout opposée. Ne demandez pas à ces historiens un sentiment de pitié pour les vaincus ; ne cherchez pas sous leur plume de ces expressions énergiques qui stygmatisent le crime. On dirait que leur plume est trempée dans le sang. Ils décrivent les scènes les plus hideuses, comme ils décriraient les scènes les plus ordinaires de la vie : pas un cri d'horreur ne s'échappe de leur âme au récit des massacres et des tueries au milieu desquels ils conduisent le lecteur. Les vainqueurs sont leurs dieux ; ils font leur apothéose : on comprend qu'il y a dans ces cœurs une vive sympathie pour ceux qui triomphent, et une antipathie invétérée, à peine contenue, pour ceux qui succombent dans la lutte. On voit à nu leur pensée tout entière ; ils haïssent les personnes à légal des institutions dont elles font partie ; et, tout en proclamant le règne de la liberté, il est aisé de se convaincre qu'ils ne la voudraient que pour eux et les vainqueurs.

Ces historiens font plus de mal à la révolution, lui suscitent plus d'ennemis encore que les premiers dont nous avons parlé. Ils entretiennent dans les esprits cette défiance qui empêche la fusion des partis. Ils épouvantent les timides ; ils perpétuent en quelque sorte le règne de la terreur ; ils paralysent les efforts des honnêtes gens, des cœurs d'élite ; ils les arrêtent dans la voie du progrès où ils sont entrés avec tant d'ardeur et de dévouement.

Non, non, ce ne sera jamais avec les sympathies et les antipathies du cœur qu'on écrira l'histoire avec impartialité ! La justice et la raison ne se rencontreront jamais, là où ces deux passions du cœur conduisent la plume de l'écrivain ! Les faits seront toujours altérés, là où l'esprit de parti règne avec ses haines, ses répugnances, ses vengeances et ses sanglantes réactions !

Comment rallier autour de l'arbre de la liberté les esprits et les cœurs, lorsque des écrivains nous la représentent toujours couverte du bonnet sanglant de l'anarchie ; enveloppée dans le noir manteau du crime ; souillée de sang et de fange ; profanant les autels ; violant les vierges, dévastant les chateaux , immolant sans pitié les riches pour s'emparer de leurs trésors ?

Comment aimer la liberté lorsqu'on nous la dépeint comme l'ennemie acharnée des prêtres, de la religion , des honnêtes gens ? Comment la désirer lorsqu'on ne la voit qu'avec le hideux cortége de la guillotine , des Septembriseurs, des Carrier, des Marat, des Chaumette, des Couthon ; toujours ivre de sang , dégoutante de carnage, hurlant le blasphème , proclamant l'impiété ?

Nous en convenons, une telle liberté fait peur ; elle est hideuse. Mais jusques à quand les hommes voudront-ils toujours confondre l'abus avec la chose elle-même ?

La vraie liberté , celle qui fait battre tous les cœurs nobles, c'est la sœur favorite de la vérité. Elle vit d'amour, de fraternité, de concorde ; elle a pour mère la religion ; elle respecte le pouvoir ; protège le faible ; elle abhorre le sang ; elle proclame l'égalité pour tous devant la loi ; elle est l'ennemie des injustes privilèges , l'appui de la propriété ; elle est toujours vêtue de la blanche robe de l'innocence ; sa tête est ornée de la splendide auréole de l'ordre ; elle porte à la main l'olivier de la paix ; elle encourage l'industrie , protége les arts , récompense le mérite.

C'est elle qui a poussé le char de la révolution , brisé les fers , établi l'équilibre dans la société , consolidé la hiérarchie , fixé les justes et vraies limites de l'obéissance et du commandement , les vrais et justes devoirs des peuples et des pouvoirs.

C'est elle qui a fait battre le cœur du grand O'Connell ; qui anime aujourd'hui l'homme de la Providence , le saint , l'immortel Pie IX. C'est pour elle que combat la catholique Irlande ; c'est pour elle qu'ont versé leur sang tous les cœurs généreux qui ont battu dans des poitrines d'hommes.

Historiens de tous les partis , Thiers , de Conni , Michelet , Quinet , Louis Blanc , Lamartine , pourquoi donc ne nous parlez-vous pas de cette liberté , fille de la religion , sœur de la vérité éternelle ? De cette

liberté qui soutient les pouvoirs fait pros-
pérer les nations, confond tous les cœurs
sous le radieux étendard de l'égalité devant
la loi ?

Laissez dans la boue ; ne relevez plus de
la fange, où elle se plait, cette liberté des
rues ; des places publiques, des échafauds ?
Cette liberté n'a pour mère que l'erreur,
source féconde de tous nos maux ; elle a
pour sœur le meurtre, le pillage, le désordre et la servitude !

Ceux-la sans doute mentent à leur
conscience, trompent les peuples, sont les
ennemis de la vérité, de la religion et de
l'ordre : ceux-la falsifient l'histoire, déna-
turent sciemment les faits, alors qu'ils
représentent la religion catholique précé-
dée des bûchers de l'inquisition, enchaî-
nant la liberté de conscience, rivant les fers
des nations ; instituant les dragonnades,
organisant les massacres de la Saint-Bar-
thélemy, portant le désordre sous le toit
domestique, s'arrogeant injustement les
droits sacrés des époux et des pères au sein
de la famille ..

Ces traits hideux sont ceux du fanatis-
me, digne fils de Satan; mais ce n'est là
ni la religion, ni son esprit. Ainsi de la
vraie liberté que des historiens fanatiques
dans leur parti se plaisent à confondre
avec le déplorable abus que la démagogie
déguenillée en a toujours fait, à toutes les
époques, où un grand peuple, fatigué de
la servitude, a brisé ses fers et reconquis
ses droits usurpés.

Il ne faut donc pas espérer de voir bientôt la fin de nos luttes et de nos discordes
civiles, tant que les écrivains éminents de
notre époque mêleront leur propre jugement, leurs préjugés au récit des faits historiques; composeront une histoire selon
leur opinion, et ne tiendront aucun
compte de l'histoire elle-même. N'espérons
pas un avenir meilleur si l'on écrit toujours l'histoire, non avec l'étude appro-
fondie des événements et l'austère ma-
jesté de l'antique Clio, mais avec les
passions du cœur, les élans d'une ardente
imagination. Non, il ne faut pas espérer
l'oubli du passé, la fusion sincère des opi-

nions, qui divisent les esprits, éloignent les cœurs, si ceux-ci continuent à propager, à entretenir les haines irréfléchies et romanesques qui sont encore le propre de tant de gens à l'égard de la révolution ; et, si ceux-là tracent toujours sous leur brillante plume l'apologie du meurtre et du sanculottisme.

Le lecteur ne peut que s'égarer dans ce dédale de doctrines contradictoires ; son opinion ne s'arrêtera sur rien lorsque d'un côté il entendra l'apologie des vainqueurs, toujours au détriment des vaincus, et que, de l'autre, on ne lui montrera la révolution que sous les traits les plus repoussants.

Que les historiens, à quelque parti qu'ils appartiennent, s'attachent à montrer au lecteur le critérium à l'aide duquel il pourra faire sortir la lumière des ténèbres, et tirer du désordre même son instruction politique et religieuse : qu'on lui peigne avec douleur les maux inévitables qui surgissent toujours du sein d'une grande révolution ; qu'on le conduise pas à pas au milieu des événements qui se succèdent avec tant de rapidité dans une tourmente révolutionnaire ; qu'il étudie les intérêts qui sont en présence ; les ressorts puissants mis en jeu ; les besoins des masses ; les idées qui se font jour, et se traduisent en faits ; qu'il analyse les efforts généreux des hommes de bonne volonté ; qu'il trace une juste critique des inévitables excès des passions déchaînées dans ces jours de cruelles angoisses et de dures épreuves ; enfin , qu'il fasse une juste distribution de louanges et de blâmes ; et , alors , on sera sûr d'obtenir d'heureux résultats, d'apaiser les haines , d'éteindre les préjugés et de rallier tous les cœurs.

Cher lecteur , nous venons de vous signaler les écueils que l'on rencontre dans la lecture de nos histoires contemporaines ; nous vous avons franchement exprimé toute notre pensée. Ces réflexions préliminaires , nous les livrons avec confiance à la sagesse de votre jugement ; et , si elles n'ont pas d'autre mérite , elles déposeront du moins en faveur de notre impartialité.

Elles serviront à vous convaincre que le *Solitaire* n'écrit pas sous l'influence des préjugés ; qu'il émet son opinion , mais ne l'impose pas.

Nous vivons dans un siècle où il serait insensé de jurer encore sur la parole du maître , et où le mépris serait le juste salaire de l'écrivain qui oserait manifester de telles prétentions. Aussi , en mettant sous vos yeux les causes de notre révolution française , en vous décrivant la marche de l'athéïsme et de l'incrédulité, nous n'avons voulu remplir que le simple rôle de narrateur ; si nous y joignons notre opinion , ce n'est que dans la pensée qu'elle peut aider la vôtre , et vous servir dans la recherche de la vérité.

Oui , nous le savons , bien des personnes sont effrayées encore aujourd'hui au seul nom de *révolution* : ce mot est pris et entendu dans des sens si divers qu'il faut avant tout en fixer la vraie signification , afin de faire disparaître toute équivoque.

Par *révolutions* les historiens et les politiques entendent *ces grands change-*

*ments qui s'opèrent dans les gouvernements des peuples.* Si nous nous arrêtons à cette définition , nous n'en connaissons pas de plus complète, la France, depuis le règne de Charlemagne jusqu'à nos jours , aura été le théâtre de plusieurs grandes révolutions. Et , chose qu'il ne faut point perdre de vue , ces révolutions s'étaient toujours opérées dans les idées bien longtemps avant de devenir des faits par la force irrésistible des événements. Le peuple souffre longtemps et patiemment : il n'éclate qu'à la dernière extrémité, et lorsqu'il fléchit sous le fardeau qu'on lui impose ; encore faut-il qu'on le soulève, qu'on l'agite, qu'on l'ébranle, qu'on le mette en mouvement ; alors, c'est un torrent qui se précipite avec fureur, qui mugit , écume, renverse , entraîne tout ce qu'il rencontre sur son passage. Malheur, dans ces jours de colère et de vengeance, malheur à ceux qui l'ont opprimé ; il les broie dans sa rage ; il les écrase impitoyablement sous ses pieds , il lave dans le sang de ses oppresseurs les profondes et humiliantes plaies que lui ont faites les chaînes qu'il a si longtemps portées.

Tel est le peuple dans sa juste vengeance, lorsqu'il pousse son cri de guerre, et qu'on lui dit : marchons ! Ce cri terrible a retenti plus d'une fois d'un bout de la France à l'autre. On l'entendit gronder sourd, terrible comme le tonnerre, en 89, lorsqu'il brisa le sceptre du pouvoir absolu, qu'il en dispersa les tronçons sur les places publiques, et qu'il prit sa part de souveraineté, en séparant, après la prise de la Bastille, les pouvoirs législatifs et exécutifs, émanants, depuis plusieurs siècles, de la souveraineté d'un seul.

Plus terrible encore son cri de guerre éclata, lorsqu'en 92, il renversa le trône, foula aux pieds les insignes de la royauté, et proclama la République.

Mais, l'étrange constitution de l'an VIII, que signèrent trois millions de Français sur trente qui composaient alors la nation entière, lui ravit le fruit de sa victoire ensanglantée ; anéantit de nouveau la souveraineté du peuple pour la remettre entre les mains d'un seul ; elles servit à relever les marches brisées du trône , en préparant les voies du gouvernement impérial.

A l'avénement de Louis XVIII au trône de France , le gouvernement change encore dans toutes ses parties ; une royauté mixte a remplacé le règne du despotisme du sabre , une charte est octroyée au peuple français qui respire enfin après tant de tourmentes , de sacrifices et de sang versé. Ce gouvernement n'est déjà plus ; un autre a pris sa place : trois jours ont suffi pour le renverser de fond en comble.

Telles sont les grandes révolutions dont la France a été le théâtre dans le cours de moins d'un demi-siècle. Secousses violentes qui l'ont souvent ébranlée jusques dans ses fondements ; l'ont conduite à deux doigts de sa perte et qui ont failli la précipiter dans le fond de l'abîme , d'où les nations ne reviennent plus lorsqu'elles ont le malheur d'y tomber.

Nous l'avons déjà dit, ces révolutions s'étaient opérées dans les esprits avant de se manifester au dehors. Elles ont été tellement défigurées sous la plume des historiens, qu'il nous est presque impossible de distinguer le vrai du faux; et que nous sommes encore à désirer une histoire impartiale sur ces grands changements qui ont eu lieu dans les gouvernements de notre nation.

Cette tâche, sans doute, est difficile à remplir, car elle exige non-seulement une main habile, mais encore un cœur qui ne recule pas devant les obstacles, et par-dessus tout un esprit indépendant et capable de braver les périls inséparables du noble et saint ministère de l'historien consciencieux.

Resserrés entre les étroites limites imposées par les circonstances, nous sommes forcément obligés de nous borner ici à n'émettre que les idées-mères sur les causes éloignées et prochaines de nos révolutions; laissant au lecteur le soin de les développer, et d'en tirer les enseignements politiques qui en découlent tout naturellement.

Jamais, chez aucun peuple, une révolution ne s'est opérée sans avoir eu pour cause éloignée les souffrances, le mécontentement général des masses et l'espérance d'un état meilleur que celui dans lequel on a vécu jusqu'à ce jour. L'histoire des révolutions de tous les grands peuples nous en fournit presque à chaque passage des preuves convaincantes. Les Romains ne sont passés de l'état monarchique à l'état républicain que lorsqu'ils ne purent plus supporter les violences et les injustices du pouvoir absolu du dernier des Tarquins. Alors les âmes d'élite s'élèvent par le danger, et la force de tous croît par les obstacles qu'elle rencontre. Les hommes, dans ces dures épreuves où se trouve la société, sentent le besoin de s'unir pour briser le pouvoir qui les opprime. L'instinct d'un intérêt commun les pousse vers un seul et unique but, leur délivrance. C'est alors l'époque des sublimes dévouements; de ces actes de vertu héroïques qui élèvent aussi haut qu'elle peut atteindre la gloire d'un peuple devenu libre.

Jamais Rome ne fut plus grande, plus glorieuse, jamais elle ne porta plus haut l'héroïsme de son courage, jamais elle ne fit éclater plus de vertus qu'après l'expulsion du dernier de ses rois oppresseurs.

Qu'ils furent grands les Suisses aux beaux jours de Guillaume Tell, lorsqu'ils reconquirent leur liberté au prix de tant de sacrifices ! Qu'il leur fallut de courage, d'énergie pour devenir un peuple libre et mettre des lois sages, équitables, à la place d'un maître qui n'avait d'autre règle que l'arbitraire et ses passions !

Suivez dans ses progrès, dans sa marche, dans ses moyens de défeuse la guerre de l'indépendance américaine : que de dévouements ! que d'actes héroïques de la part des anglo-américains ! qu'un peuple qui combat pour la liberté trouve en lui-même des ressources inépuisables ! il est invincible lorsqu'après une longue et cruelle résignation il brise des chaînes qu'il ne peut plus porter, et qu'il est convaincu qu'il n'y a pas plus de mal et de danger pour lui dans l'insurrection que dans l'obéissance ; alors c'est le dernier terme de la patience des sujets et de l'imprévoyance des maîtres.

Mais le règne de Louis XVI était-il un règne tyrannique ? Le peuple était-il opprimé lorsqu'il fit entendre son premier rugissement et qu'il se rua furieux contre le trône et l'autel ? Ah ! l'histoire a déjà retracé tous les bienfaits de ce prince : le régime des prisons amélioré, les lettres de cachet plus rares, moins d'arbitraire dans les actes de son gouvernement, un désir profond du bonheur du peuple, voilà ce que l'histoire impartiale proclamera au sujet du règne du trop infortuné Louis XVI.

Cependant, gardons-nous bien d'accuser ici la nation ! Dans les annales des peuples, il est des jours mauvais où le sang du juste est versé en expiation du passé ; aussi, pour être impartial, et ne pas dépasser les limites du vrai, il nous faut remonter le cours du grand fleuve des événements historiques pour en bien comprendre la marche, en saisir leur indissoluble enchaînement.

Oui , la mort de Louis XVI fut un crime ! et le jugement qui le condamna à porter sa tête sur l'échafaud en expiation de sa prétendue tyrannie , sera toujours une iniquité dans les actes judiciaires de la grande nation.

Mais quelles sont les causes éloignées et prochaines qui ont fait désirer au peuple un changement de gouvernement, et qui ont accéléré la marche des faits ? Les voici : nous les soumettons avec confiance à l'impartialité du lecteur.

Le mécontentement général de toutes les classes de la société; celui du Parlement dont le pouvoir avait été si contrarié sous les derniers règnes ; celui du clergé inférieur, tourmenté, humilié, vexé par la prélature ; celui de la plus grande partie des nobles , étrangers aux faveurs de la Cour réservées exclusivement à quelques courtisans en crédit ; celui des militaires , des gens instruits , des capacités , blessés de n'avoir aucune part dans la distribution des places ; humiliés d'occuper toujours le dernier rang , et secrètement indignés de voir les premiers emplois de la société entre les mains de ces hommes qui n'avaient d'autres titres que le titre de leur naissance , presque toujours salie par leurs vices ; celui du peuple toujours accablé d'impôts, toujours le moins ménagé ; soupirant instinctivement après des lois moins arbitraires et égales pour tous : ajoutez encore le déficit dans les finances ; l'altération des mœurs publiques , accompagnée de l'altération des croyances religieuses, et vous aurez sous vos yeux le tableau fidèle des causes générales qui ont préparé de loin la chute de la monarchie absolue, et la victoire du peuple sur les vieilles institutions.

Les causes prochaines, et qui réduisirent en fait les idées qui travaillaient depuis longtemps les masses , ces causes il faut les chercher dans les fautes sans nombre que commit Louis XVI lui-même, et dans les fautes plus nombreuses encore des ministres de cet infortuné monarque.

Le ministre Calonne, avec cette légèreté qui faisait le fond de son caractère, donne

par son imprudence la première impulsion au char révolutionnaire. Il convoque
les nobles en assemblée générale, croyant
les satisfaire par cette marque de confiance et les arrêter dans leurs réclama-
tions. Mais, chose étonnante, le mouvement si longtemps comprimé est donné par
ceux que l'on suspectait le moins. La jeune
noblesse se hâte de manifester du haut de
la tribune les idées qu'on voulait vaine-
ment arrêter. Elle proclame la politique
de Rousseau... Elle commente audacieu-
sement son contrat social, dont plus tard
les démagogues poussèrent si loin les maxi-
mes et les principes. La jeune noblesse fit
plus encore ; elle prêcha le déisme de
Voltaire. En fallait il davantage pour ex-
citer dans les masses ce désir de changement après lequel elles soupiraient si ar-
demment.

L'archevêque de Toulouse, Brienne,
ce ministre incapable, veut à son tour hu-
milier le Parlement, briser son pouvoir
qui contrariait le gouvernement indécis du
plus indécis des monarques ; il veut lui

substituer une cour plénière. Le Parlement, pour se venger du ministre, jeter la peur dans les rangs de ses adversaires, propose et demande avec force la convocation des Etats généraux. C'est là le signal du grand combat qui va se livrer entre le passé qui tremble déjà sur ses vieilles bases, et le présent qui va tout reconstruire après avoir tout abattu sous les coups de sa main puissante.

Le char de guerre de la révolution est désormais lancé dans la voie qu'il va parcourir; en vain la cour et le parlement qui reconnaît sa faute, mais trop tard, veulent-ils arrêter son élan. Leurs efforts réunis sont impuissants. Les états généraux sont convoqués.

Tout cependant n'était pas encore perdu pour la royauté, et avec de la prudence et de sages concessions le trône pouvaient espérer de rester debout. Mais les fautes et l'obstination incroyable des nobles et d'une grande partie du clergé; les hésitations du monarque assurèrent le triomphe du *tiers*, qui alors était bien le parti de la nation entière. Les hommes sages et éclairés de ce parti du peuple, et ils étaient en nombre, ne voulaient point la ruine de la monarchie; ils ne pensaient nullement à fonder une république. Ce qu'ils voulaient avant tout, c'était l'abolition des privilèges, l'égalité devant la loi; l'existence d'une monarchie mixte, d'un pouvoir tempéré. Ils voulaient que l'on reconnut les droits de l'homme toujours refoulés dans le néant par les créatures du pouvoir absolu; que les charges, les impôts ne fusent plus arbitrairement répartis, mais réglés par des lois sages et impartiales : ils voulaient que la porte des dignités fût ouverte au mérite, et non exclusivement pour une seule classe de la société.

Mais comme il est toujours plus facile de détruire que d'édifier, tandis que ces hommes, les vrais représentants de la nation, les échos fidèles de son opinion, travaillent avec courage et dévouement à former une constitution monarchique plus conforme aux besoins de l'époque, où le peuple aurait sa part de souveraineté; des démagogues, qui surgissent toujours du sein des révolutions, comme la vase immonde sur la surface des flots après une tempête, des démagogues organisaient dans les clubs la terreur et les massacres : ils dressaient les échafauds ; ils vouaient à la mort, sous les noms de *suspect* et *d'aristocrate*, les honnêtes-gens dont la peur paralysait le courage. Car il faut bien le dire, ce triomphe passager de quelques monstres, dont on veut poëtiser les œuvres de carnage, de destruction et de mort, ce triomphe, qui nous étonne aujourd'hui, n'est dû qu'à la *panique* que répandaient dans toute la France les noms à jamais exécrables d'un Marat, d'un Danton, d'un Hébert, d'un Chaumette, d'un Clootz, d'un Fabre d'Eglantine , d'un Lasouschi, d'un Châlier, d'un Carrier, scélérats que la Convention récéla plus tard dans son sein pour propager le règne de la terreur, et mobiliser la guillotine.

Toutefois et nous devons le dire aussi, aux risques de déplaire à ces esprits que le nom seul de la révolution effraie ; la révolution française a fait à la France, au peuple, un bien immense en abolissant les privilèges, toujours odieux, soit parce-qu'ils entretiennent la division parmi les citoyens, soit parce qu'ils sont le partage de ceux qui en sont souvent les plus indignes ; privilèges que la religion réprouve, et que le christianisme a proscrits en ouvrant les portes de ses temples aux grecs comme aux barbares, et en conviant au même festin l'esclave et le maître.

Oui, la révolution de 92 en décrétant les droits de l'homme, en faisant de ses droits un point fondamental de son symbole politique, cette révolution s'est acquise des titres impérissables à la reconnaissance de tout français qui comprend sa dignité d'homme et de chrétien, et qui veut avant tout la prospérité de son pays.

Mais aussi honte, exécration pour ces monstres avides de sang dont l'immonde contact souilla cette révolution qui se montrait à son horizon si belle, si pleine de brillantes espérances pour la gloire de la grande nation ; espérances qui électrisèrent tous les cœurs, et firent éclore tant de sublimes dévouements.

Indépendamment de ces causes éloignées et déterminantes dont nous venons de parler , il en est une encore , qui contribua puissamment à préparer et à accélérer , tout à la fois , le grand mouvement révolutionnaire.

Nous voulons parler de cette incrédulité qui prit une si vaste extension vers le milieu du dix-huitième siècle ; et qui , sous le patronage de Voltaire , se déclara l'ennemie du catholicisme. Elle aussi eut sa marche régulière dans le cours des événements du dernier siècle ; elle ne fut pas étrangère à ces scènes dégoûtantes , où d'ignobles acteurs jouèrent les rôles d'accusateurs, de juges et de bourreaux.

Il serait inutile de redire ici ce que l'on a dit tant de fois , qu'un état ne peut exister sans religion , sans morale , et qu'il n'y aurait pas de société possible , exclusivement composée d'incrédules et d'athées ; c'est un fait acquis dans la controverse re-

ligieuse, et qu'on ne conteste plus aujour-
d'hui. Il serait donc inutile de nous y
arrêter un seul instant.

Mais, ce que l'on ignore généralement,
ou ce que l'on feint d'ignorer, c'est l'immense part que l'athéisme prit dans les
atrocités de 93, et auxquelles, mais trop
tard, Robespierre et ses amis voulurent
mettre fin, en demandant un comité de
justice, dont les attributions devaient con-
sister à dépouiller les dossiers des suspects,
à reviser les arrestations, et veiller avec
soin à ce qu'aucun innocent ne demeu-
rât victime de la précipitation des mesures
commandées par le *salut public* ; et, surtout, en obtenant, pour l'existence de Dieu
et de l'immortalité de l'âme, les honneurs
d'un décret solennel.

La joie générale que fit éclater parmi le
peuple la fête *en l'honneur de l'Être Su-
prême*, la peur qu'elle inspira aux *démagogues* de la Convention, prouvent assez
la triste influence de l'athéisme sur toutes
les horreurs qui se commirent sous le règne de la Convention par le redoutable

ministère des Hébert, des Collot d'Herbois,
des Camille Desmoulins , des Charlier ;
etc. monstres athées , n'ayant pour règle
que leurs basses passions , d'autre mobile
que la soif inextinguible du sang.

Le lecteur nous saura donc gré du
tableau que nous allons mettre sous ses
yeux , et avec lequel il pourra suivre pas
à pas la marche souterraine du philosophisme et de l'incrédulité.

Que de livres, depuis la renaissance des
lettres et la découverte de l'imprimerie ,
n'a-t-on pas écrit pour et contre le catholicisme ! Que de combats l'Église n'a t-elle
pas eu à soutenir ! Que d'hérésies ont dé-
chiré son sein ! Sans doute , le mal de
l'hérésie est grand ; mais, il en est un plus
grand encore , celui de l'incrédulité. Les
hérétiques sont du moins utiles dans
l'ordre moral comme dans l'ordre civil, par
le culte, quoique erroné , qu'ils rendent
à Dieu ; tandis que l'incrédulité qui nie
Dieu et sa loi, qui l'oublie , ou ne lui rend
pas le culte et les hommages qui lui sont
dûs, est le pire de tous les maux, soit pour

la Religion , soit pour la morale publique.
Que peut-il, en effet, y avoir au monde de
plus nuisible pour les mœurs et la société ,
que le terrible exemple de ceux qui affec-
tent de n'avoir aucune croyance , et qui
enseignent que la Religion n'est bonne que
pour le peuple ?

Tous les siècles , nous le savons , ont
eu leurs incrédules , leurs esprits forts.
Mais , heureusement pour la morale et les
institutions humaines , ils n'ont apparu
que de loin en loin comme de tristes mé-
téores , et ont toujours été éclipsés par le
vif éclat des lumières qu'ont répandu sans
interruption les écrivains religieux.

Quels noms , quels hommes la Religion
ne peut-elle pas revendiquer pour elle depuis la renaissance des lettres jusqu'à nos
jours! Dans tous les genres , elle trouve
les hommes les plus célèbres qui lui appartiennent. En astronomie, c'est Keppler ,
surnommé le législateur des Cieux : c'est
l'immortel Galilée. Dans les mathémati-
ques, c'est Descartes , qui , à tous ses au-

très titres de gloire, joint celui de l'application de l'algèbre à la géométrie.

Dans les sciences philosophiques , ce sont les Mallebranche, les Lebnitz; c'est Bacon qui en pose les vraies limites , et leur trace , par sa méthode expérimentale , la route qu'elles doivent suivre désormais , pour ne plus s'égarer.

Newton , Pascal , Torricelli se faisaient gloire d'être chrétiens. Le premier a doté la science de son merveilleux prisme ; et ses théories, dont il enrichit le monde savant, font encore aujourd'hui son admiration. Aux deux derniers, la science est redevable de la précieuse découverte de la pesanteur de l'air.

Parmi les géologues , les De Luc , les Pallas, les Saussure, les Blumenbach, les Cuvier étaient croyants. Dans la jurisprudence, les Domat, les Daguesseau, etc., étaient aussi fervents chrétiens , que jurisconsultes distingués.

Dans la médecine , les Tronchin , les Bordeu , disciples du grand Boërhave auraient rougi du titre d'incrédule. Ajoutez encore à ces noms celui du savant Barthès, dont les écrits sont justement appréciés par les hommes de la science médicale.

Dans les lettres, la poésie, l'histoire, la peinture, la statuaire, il nous suffira de nommer les Tasse, les Milton, les Corneille, les Racine, les Bossuet, les Fénélon, les Michel-Ange, les Titien, les Raphaël, etc.

Que l'incrédulité nous montre donc les siens ? Si l'on en retranche Bayle (1) et Montesquieu (2), Rousseau même qui ne

(1) Bayle, que les philosophes voltairiens ont revendiqué, a toujours respecté dans ses écrits la révélation ; dont il ne parlait qu'avec respect, et une affirmation qui n'était pas hypocrite de la part d'un philosophe comme lui. S'il a écrit pour et contre la même question, sans prendre parti, c'était pour tourner en ridicule les controversistes et les théologiens de son temps, qui discutaient sur tout, brouillaient tout et s'anathématisaient réciproquement. Avait-il donc bien tort ?

(2) Montesquieu, malgré ses Lettres persanes et le Temple de Gnide, œuvres de sa jeunesse, ne peut être rangé parmi les incrédules et les philosophes du xviii° siècle. La meilleure preuve que nous puissions en donner, c'est l'acte même des révolutionnaires de 93, qui proscrivirent Montesquieu comme défenseur de la monarchie et de la religion, et accordèrent à Voltaire les honneurs du Panthéon.

lui appartient pas , et dont cependant elle se glorifie , la disproportion entre ses défenseurs et les écrivains religieux est accablante pour elle , et telle que celle d'un Racine à un faiseur de sonnets ; d'un Pascal à un Cardan ; d'un Descarte à un Helvétius , d'un Fénélon à un Diderot.

Sans doute , ces hommes que l'on se plaît à décorer , on ne sait trop pourquoi, du titre pompeux d'esprits forts, existaient déjà au 17e siècle ; mais ils n'avaient pas encore ostensiblement arboré leur drapeau. Dans leurs écrits et leurs paroles , ils respectaient la religion dont ils déshonoraient la morale par leur vie licencieuse. A toutes les époques , l'incrédulité s'est toujours montrée rampante, timide , humble même lorsqu'elle n'avait pas la force , la puissance pour elle ; mais elle est fière , orgueilleuse , intolérante à l'excès , aimant la domination, lorsqu'elle peut compter sur l'impunité , et qu'elle a pour elle les puissances du monde. Aussi ne songea-t-elle pas un instant à lever sa tête sous le règne de Louis-le-Grand.

Comment en effet l'incrédulité aurait-elle osé sortir de ses ténèbres pour se montrer à la lumière, dans ce siècle auquel Voltaire lui-même a donné le nom de Grand ? dans ce siècle où les arts , les lettres , les sciences , le génie de la guerre , la poésie semblaient s'être donné rendez-vous pour élever dans la France un monument de gloire qui devait laisser bien loin derrière lui , et la gloire du siècle de Périclès , et celle du siècle d'Auguste et de Léon X ?

Ridiculisés par l'immortel pinceau de La Bruyère, méprisés, les esprits forts étaient en petit nombre. Ils se tenaient silencieusement cachés dans l'ombre , comme les animaux malfaisants et sans courage qui cherchent l'obscurité lorsque le soleil brille, et ne sortent de leur profonde et obscure retraite qu'avec les ténèbres épaisses de la nuit.

Incapables de soutenir la lutte ; impuissants pour commencer l'attaque , les incrédules n'osèrent encore donner le signal du combat dans un siècle où Rancé réformait la Trappe , « où Lafontaine portait

« un cilice ; où Turenne priait Dieu , les
« genoux dans la boue , au milieu d'une
« victoire ; où Racine demandait pardon
« au Ciel de ses chefs-d'œuvres dramati-
« ques ; où l'auteur du Cid traduisait l'I-
« mitation , Daguesseau commentait l'E-
« vangile , et où le Grand-Condé , pour
« rendre hommage à la Religion , consa-
« crait les dernières années d'une vie de
« gloire à l'analyse des preuves de la foi
« chrétienne. »

Le siècle de Louis XIV , où la religion
avait exercé un empire si éclatant et si
absolu sur les esprits d'élite , au moment
où les esprits étaient montés plus haut
qu'ils n'étaient jamais montés, ce siècle
ne pouvait pas être celui où l'incrédulité
ferait ses premières armes. Instruite par
l'observation de la marche des choses du
temps , qu'il faut toujours descendre lorsqu'on est arrivé au sommet, elle attendait
avec cette patience du génie du mal le
jour où cette décadence des esprits se
manifesterait par celle de la morale et des
croyances religieuses ; car l'altération des

mœurs publiques est toujours suivie de l'altération des croyances imposées par la religion.

A peine donc Louis XIV fut-il descendu dans la tombe où l'avaient précédé les grands hommes de son siècle, que, du sein de la corruption de la régence, l'on vit se lever l'aurore de ce sinistre jour, où des écrivains, par dérision sans doute, prenant le nom de philosophes, se déclarèrent hautement les ennemis de la religion, les soutiens et les propagateurs de l'incrédulité.

Deux choses surtout contribuèrent puissamment au règne de cette philosophie, qu'on a depuis appelée voltairienne, à savoir : la licence des mœurs dont la hideuse régence donna la première l'exemple, et la cupidité de l'or, excitée parmi toutes les classes de la société par ce jeu terrible de l'agiotage qu'un trop célèbre aventurier, Lauw, introduisit en France sous le patronage du régent.

Les guerres de Louis XIV, les palais magnifiques qu'il avait fait construire

avaient légué à la France d'énormes dettes.
Lauw expose au régent le plan de son
nouveau système, et promet de combler
avant peu le déficit des finances. Le régent
est séduit par cet éblouissant système.

Bientôt le vertige s'empare de la nation.
La soif de l'or, dont l'immoralité est presque toujours la compagne inséparable,
brûle tous les cœurs. Ceux-ci vendent
leurs biens, réalisent leurs fonds, et cou-
rent dans la capitale exposer leur fortune aux chances hasardeuses du système
financier de Lauw. Ceux-là s'imposent
toute espèce de privations pour jeter leur
économie dans ce gouffre qui vient de
s'ouvrir. Triste spectacle ! On vit dans un
seul jour des laquais devenir millionnaires,
et acheter les équipages et les hôtels de
leurs anciens maîtres que le nouveau système venait de ruiner complètement.

Paris, dans l'espace de quelques mois,
renferme dans ses murs plus de dix-huit
cent mille personnes attirées par le trom-
peur espoir de faire fortune. La démoralisation est à son comble. La légèreté

d'humeur et de caractère de ce régent qui bouleverse gaiment le royaume ; la dépravation odieuse de son ministre, et de tous les courtisans, accoutument les esprits à une sorte d'indifférence morale qui s'étend sur tous les objets. Les gens de bien sont effrayés, et se découragent. Trois années suffisent pour démoraliser la France, et la préparer à cette révolution qui devait bientôt la couvrir de sang, de carnage, en la livrant sans défense à d'impurs et dégoutants démagogues.

C'est du milieu de ses sales orgies de la régence, du sein de cette apre cupidité de l'or, de cette altération des mœurs publiques, de cet affaiblissement des croyances religieuses, qu'apparut, comme un sinistre météore sur l'horizon des arts, ce jeune Arouet, devenu plus tard si tristement célèbre sous le nom de Voltaire, et qui fut le chef de cette secte de philosophes qui a donné son nom au dix-huitième siècle. Digne origine de cette philosophie qui s'attacha impitoyablement comme un hideux cancer au cœur de la France pour la dévorer , et la faire descendre au dernier degré de la dépravation morale et politique !

Les premières années de Louis XV , qui semblaient présager pour la France de si beaux jours, ne tardèrent pas à se faire oublier par tout ce que le scandale a de plus vil et de plus grossier. Heureux ce prince, si, à l'exemple de l'un de ses plus illustres ancêtres, Louis IX, il avait eu le noble courage de résister à toutes les séductions dont les courtisans l'environnèrent ! Heureux, s'il avait eu la force de persévérer dans cette voie de l'honneur qui seule peut conserver à la royauté ce prestige dont elle a besoin pour posséder l'amour des peuples, les maintenir dans le devoir et l'obéissance! Heureux enfin , s'il avait su s'environner de ce respect qu'on n'accorde aujourd'hui qu'à la vertu et au vrai mérite des rois !

Mais comme il n'y a rien à gagner avec les souverains vertueux, les courtisans qui ne vivent que dans l'atmosphère épaisse des intrigues, qui ne s'enrichissent qu'avec les vices du maître qu'ils trompent et flattent toujours, les courtisans finirent par vaincre les vertueuses répugnances de Louis, dont les débordements ne connurent plus de limites, une fois lancé dans cette route dont le terme fut le déshonneur pour sa vieillesse, l'avilissement pour la royauté, la honte pour le trône qu'il dégradait par ses orgies, et enfin le dernier coup porté à la morale publique.

C'est alors que l'impiété, enhardie par les vices de la cour, protégée par les courtisans sans pudeur, leva sa tête de vipère, et commença à répandre les flots de ce venin qui couvrit d'hideuses plaies tout le corps social; c'est alors que Voltaire se montra ce qu'il était, qu'il arbora l'étendard autour duquel vinrent se ranger les Diderot, les Dalambert, les baron d'Holbac, les Helvétius, et tout le banc et l'arrière banc du philosophisme du xvii<sup>e</sup> siècle.

Voltaire a été si puissant au xviii<sup>e</sup> siècle; sa royauté littéraire a été si grande; elle a eu tant d'influence sur les mœurs publiques, sur la révolution, que l'on nous pardonnera bien si nous traçons ici le portrait de cet homme vraiment extraordinaire par l'immense variété de ses talents.

Génie vaste, souple et brillant, le jeune Arouet étonne à cet âge où les hommes commencent à peine à penser. Jeté à la Bastille, presque dès son début dans cette longue carrière qu'il va parcourir avec tout le prestige du talent et l'éclat du scandale, il compose de verve, et derrière les verroux de son cachot, le poëme qui, avec son OEdipe, commença sa réputation de poète.

Une célèbre courtisane qu'il charme par les grâces de son esprit, Ninon l'Enclos se déclare la protectrice du jeune Arouet, et lui ouvre les portes de ce monde qui, au milieu des orgies de la débauche, préludait à l'anéantissement de la religion et de la morale.

Digne élève de Ninon, Voltaire porte la haine du Catholicisme jusqu'au plus dégoûtant cynisme, et avec une prodigieuse variété de talents , il se joue des hommes , des mœurs , des croyances ; il inonde Paris , la France de ses petits vers , de ses pamphlets , de ses libelles. Il a des hommages de commande et des satyres pour le même homme. Craint-il d'attaquer ses ennemis à découvert , il se sert de l'arme des lâches , et combat ses adversaires sous le voile de l'anonyme ; il outrage , il déchire , il injurie , il dénonce au pouvoir ; il s'en fait le flatteur , l'espion. Il accable les magistrats , les prêtres sous des flots de vers qui distillent le sarcasme et l'ironie la plus sanglante. Il s'insinue dans les boudoirs des courtisanes dont il encense la dépravation. Vrai Protée , il sait prendre toutes les formes. Il fait l'apologie de la vertu, et il préconise le vice. Il est grand, généreux, et il a toutes les petitesses de la passion. Il parle de Dieu avec respect, et il nie son existence ; il a des hommages pour la religion et des blasphèmes. Il est sublime et trivial : en lui se réunissent tous les contrastes , tous les extrêmes : Il ravit, il entraîne, il char-

me , il effraie ; il attaque avec une auda-
ce qui fait peur ; et puis il rampe , il fuit,
il se cache. Il veut de l'or , et il en a en
abondance ; il encourage le mérite , et il
le persécute.

Enfin , roi de l'intelligence, il a sa cour,
ses courtisans , ses faveurs qu'il distribue ;
il a son camp, son armée de philosophes
qu'il gouverne par le seul ascendant de
son génie.

Tel fut cet homme étonnant qui régna
par son intelligence sur les esprits du dix-
huitième siècle , et dont les écrits contribuèrent si puissamment à corrompre la
morale , à détruire les croyances religieuses ; tel fut cet homme qui , à la tête des
prétendus philosophes du siècle dernier ,
donna la première impulsion au char de
guerre de la Révolution , char de mort
qui ne s'arrêta, dans sa course rapide, que
dans l'immonde limon des orgies révolutionnaires.

Il nous est impossible , en terminant
ces réflexions , de ne pas faire part à nos
lecteurs des pensées tristes qui nous préoc-

cupent et qui viennent malgré nous assaillir notre esprit, en comparant l'époque où nous vivons avec ces longs jours de nos discordes civiles dont nous venons de parler, et qui sont déjà si loin de nous.

Que se passe-t-il aujourd'hui, à l'heure même où nous écrivons ces lignes? La France entière attend dans l'anxiété le dénoûment de ces luttes parlementaires, de ces défis que viennent de se porter à la tribune nationale les partis opposés. Les journaux ne cessent de publier d'un bout de la France à l'autre que les mœurs publiques sont altérées; que la démoralisation est dans les hautes classes de la société; que les finances touchent aux limites où une crise est inévitable.

Les masses avides de ces nouvelles vraies ou fausses, nourries de ces idées, familiarisées avec ces scandales que la presse colporte jusques dans le plus petit hameau, n'ont plus pour ceux qui gouvernent cet amour, ce respect sans lesquels il est impossible de les contenir dans le devoir. Voilà le lugubre spectacle qu'of-

fre aujourd'hui à nos regards la scène politique !

Avant le grand mouvement populaire
de 89, l'on se demandait aussi avec anxiété : Où allons-nous?... On publiait
dans les écrits, les feuilles publiques, la
dépravation des hautes classes de la société, la corruption des fonctionnaires de
l'Etat. La banqueroute nationale était
mise à l'ordre du jour. Des écrivains au-
dacieux dénonçaient au peuple les grands,
la cour, le clergé, le roi lui-même. On
parlait de la misère du peuple ; on criait
contre les impôts ; enfin on provoquait
par tous les moyens possibles un changement dans le gouvernement.

Aujourd'hui les faits sont les mêmes ;
les partis sont en présence ; les journaux
parlent avec la même violence : le peuple
se tait, paie l'impôt et attend ; il attend en
silence parce qu'il est patient, et, qu'ins-
truit par l'expérience du passé, il ne con-
sentira plus à devenir le jouet de ces hommes ambitieux qui ne veulent un changement que pour occuper les postes qu'ils

n'ont pas encore et qu'ils convoitent avec impatience.

Aujourd'hui comme autrefois, la France est couverte de pamphlets, de libelles ; on écrit beaucoup, on parle beaucoup. La liberté est dans toutes les bouches , et chacun la veut pour soi, pour son parti. C'est un fait dont le peuple intelligent est aujourd'hui convaincu. Il voit avec le sentiment de sa force ces avides et inutiles frelons politiques qui s'agitent et bourdonnent autour des charges démesurément salariées de l'Etat. Il les suit de son regard de souverain pour les abattre par terre, lorsque le jour sera venu. C'est alors qu'il saura reconnaître *enfin* ceux qui l'aiment, ceux qui ne veulent que son bonheur, la prospérité de la France : c'est alors que s'accompliront ces paroles dont on a si souvent abusé : *La voix du peuple, c'est la voix de Dieu !*

Courage donc, vous qui aimez le peuple ! vous qui voulez la liberté , mais pour tous, sans exception de caste ! Courage, vous qui soutenez la lutte du grand combat populaire, serrez vos rangs. Le peuple, laissé à son instinct de droiture, est sage ; il est équitable ; il abhorre le sang ; il aime ceux qui l'aiment. Il sera pour vous : mais à condition que vous vous montrerez toujours à lui purs et sans reproches. Il veut, le peuple intelligent de notre belle France, que ceux qui la gouvernent, lui offrent une garantie morale ; car il sait, par sa propre et triste expérience, que dans un cœur vide de tout principe religieux, il ne peut y avoir non plus de principes politiques. Il sait que les démagogues de tous les temps, de toutes les révolutions ne voulaient, ne prêchaient d'autre liberté que celle qui se résumait dans ces mots : *crois ce que nous croyons, ou la mort !* Terrible symbole de la liberté de 93 écrit avec le sang des victimes sur les marches de l'échafaud par les séides d'Hébert, de Danton et de Marat ! Oui, le peuple sait tout cela aujourd'hui. Malheur donc ! Malheur à ceux qui voudraient encore le tromper, le conduire sur les places publiques pour faire tourner à leur profit le sang qu'il verserait pour cette liberté qu'on lui ravit toujours après qu'il l'a conquise !

Telles sont les réflexions du *Solitaire.*

Nous n'avons pas la ridicule prétention d'avoir dit quelque chose de nouveau. Quel écrivain du reste pourrait y prétendre dans un temps où l'on a tant écrit pour et contre la révolution française ? Mais nous avons la conviction que notre travail ne sera pas inutile pour nos lecteurs ; ils verront du moins jusqu'où va notre impartialité sur des évènements dont nous sommes pour ainsi dire les contemporains. Ils seront couvaincus que nos réflexions , nos jugements sur les faits historiques que nous avons cités, sont dégagés de tout préjugé , de tout esprit de parti , s'ils sont dépourvus de tout autre mérite.

Le Solitaire-Agenais.

# LE SOLITAIRE AGENAIS
## AUX RÉPUBLICAINS
### D'HIER ET DU LENDEMAIN.

A peine ces dernières lignes étaient im- primées, que nous avons appris la grande victoire du Peuple.

La République est proclamée. Louis-Philippe est déchu. Le pavé qui a brisé le trône de Charles X, vient de briser aussi le trône de Philippe Ier ; et à l'heure qu'il est, les petits enfants jouent avec ses derniers débris jetés sans honneur sur les places publiques. Le chef de cette dynastie tom- bée a pris le chemin de l'exil ; et, parmi tous ces nombreux courtisans qu'il avait enrichis, comblés de faveurs, élevés aux premières dignités de l'Etat, pas une voix, mais une seule voix ne s'est élevée coura- geusement pour prendre la défense d'une dynastie qui semblait promettre à la France une si longue suite de rois ! ! Tous l'ont lâchement abandonnée ! Pas un regret n'est sorti de la poitrine de tous ces nombreux satisfaits : ils se sont humblement prosternés devant l'aurore naissante de la République, qu'ils exploiteront encore, pour la trahir demain, si leur rampant égoïsme y trouve son intérêt.

Il faut en convenir, les choses ne se passèrent pas de même à la déchéance de Charles X. On vit de nobles cœurs sacrifier leur avenir, leur fortune pour rester toujours fidèles à la dynastie que le peuple venait de renverser sous les coups de sa colère. Alors, il y eut de beaux dévouements. Des magistrats, des généraux, des savants aimèrent mieux rentrer dans la vie privée, plutôt que de renoncer à leur sympathie politique. C'est que ces hommes, si rares par le temps qui court, ces âmes d'élite avaient aussi un symbole religieux ; et voilà pourquoi on les vit rester fidèles à leur symbole politique. Gloire donc à ces hommes purs de toute basse et sordide ambition ! Gloire à ces hommes qui, aujourd'hui, peuvent porter haut le front , sans qu'on puisse y appliquer la flétrissante épithète d'*apostat!* Oui, gloire à ces hommes qui honoreront toujours les partis politiques auxquels ils appartiennent !

Certes, ce n'est pas ainsi que parlent et qu'agissent ces hommes que les journées de Juillet ont fait sortir de l'obscurité. Ne craignez pas qu'ils renoncent à leurs emplois lucratifs ; qu'ils suivent dans l'exil le roi dont ils ont amené la chute, en trahissant les vœux, les besoins du peuple par leur courtisanerie à toute épreuve ; ils se tiendront cramponés à leur poste et des pieds et des mains ; ils crieront tant qu'on voudra, *vive la République!* Ils lui jureront fidélité ; mais avec la condition tacite qu'ils auront toujours une large part dans le budget que paiera le *Peuple Souverain!*

Bientôt , n'en doutez pas, vous verrez ces aigles conservateurs s'élever vers les hautes régions du pouvoir ; ils oseront regarder en face , sans en être éblouis , les

éclatants rayons du soleil levant de la nou-
velle République ; ils chanteront en chœur
la *Marseillaise* , ils débiteront sur les places publiques, dans les clubs, leur profession de foi politique ; ils se présenteront
hardiment aux premiers rangs des Républicains les plus éprouvés , pour devenir
encore les représentants de ce Peuple
qu'ils ont toujours trompé : ils s'inclineront , s'abaisseront aussi bas que l'on voudra ; ils se traîneront , s'il le faut , les
deux genoux en terre. Ils baiseront la
main de l'ouvrier qu'ils méprisent ; ils
promettront tout , bien décidés , une fois
nommés , à ne plus penser aux intérêts du
pauvre Peuple , et à ne s'occuper exclusivement que d'eux-mêmes et de leur chère
famille.

Et l'on viendra nous dire que les temps
où nous vivons ne sont pas fertiles en miracles ! Et il se rencontrerait encore
des esprits assez incrédules pour oser nier
les grandes merveilles qui s'opèrent à l'aurore de la République ! Cependant , quel
brillant avenir ne peut-on pas lui présager

à la vue de ces étonnantes et miraculeuses conversions de tous ces cœurs endurcis , qui , hier encore , déposaient leur boule dans l'urne pour retarder l'affranchissement du Peuple , et qui , aujourd'hui , ne veulent , ne désirent qu'une seule chose : la *Liberté*, l'*Egalité* , la *Fraternité*.

République Française , entonne ton chant de triomphe ! Réjouis-toi ! Tu renais aujourd'hui plus brillante et plus belle que jamais ! Qu'ils sont nombreux les nouveaux enfants qui te viennent de tous côtés ! Comme ils se rangent , se pressent, non pas autour de ton noble et glorieux étendard de guerre, mais autour de ton budget pour le dévorer encore ! Non , non, jamais le Ciel ne fut pour toi plus prodigue de miracles ! Encore quelques jours, et tu seras à l'apogée de ta prospérité, de ta grandeur et de ta gloire !

Sans doute , le Solitaire n'est pas prophète ; et, faut-il l'être pour prédire aujourd'hui l'avenir ! Aujourd'hui que les événements se pressent avec tant de ra-

pidité , et nous lèguent dans le court espace de quelques soleils cette expérience des
faits, que nos pères acquéraient à peine
dans la longue durée de plusieurs siècles !
Non, le Solitaire n'est pas prophète , cependant de même qu'il voyait s'avancer
rapide et inévitable la révolution de février,
de même, éclairé par l'étude consciencieu-
se des faits , qui sont déjà loin de nous, il
voit l'anarchie succéder bientôt à la république, si les gouvernants d'aujourd'hui
ne mettent pas à profit les enseignements
du passé.

Ce n'est pas tout que de remporter une
victoire ; il faut encore savoir en profiter
sagement. Les plus habiles, lorsqu'on a
pour soi les vents et les étoiles, s'endor-
ment facilement sous la foi du calme mo-
mentané de la mer. On oublie aisément
les écueils, les orages et les tempêtes ,
lorsqu'on croit toucher au port. La triste
et fatale expérience des gouvernements
qui disparaissent, des pouvoirs renversés ,
sert rarement de fanal pour ceux qui leur
succèdent.

De nombreux essaims d'intrigants s'abat-
tent déjà de toutes parts vers les avenues
qui conduisent au pouvoir. Amis de tous
les gouvernements présents, passés et à
venir, ils veulent aussi faire leur curée de
la République, qu'ils renieront demain
pour se livrer corps et âme au gouvernement qui lui succèdera quel qu'il soit.
Malheur donc à la République si elle admet
indistinctement dans ses rangs ces apostats
de tous les partis ; ces consciences usées
par tous les serments les plus opposés ; ces
hommes d'argent, qui sont toujours prêts
à se vendre au plus enchérissant ! Oui,
malheur à la République, si elle ne sait
pas discerner ses vrais amis, ses fidèles à
toute épreuve d'avec ces vils intrigants,
vers rongeurs, perroquets bavards, criant
hier : vive le roi ! et aujourd'hui, vive la
République !

Malheur encore si les Républicains eux-
mêmes venaient jamais à se disputer les
honneurs, les emplois et les richesses. Il
ne résulterait de cette lutte que des tyrans
et des esclaves, des oppresseurs et des op-

primés : le peuple en gémirait, le peuple
en souffrirait ; et ce serait alors le règne
de l'anarchie, le commencement de la
guerre civile avec toutes ses horreurs! Enfin, malheur à la République si elle repoussait loin d'elle ces hommes honorables
qui ont consciencieusement rempli les emplois qu'ils occupaient sous le gouvernement déchu, et qui, en se ralliant sincé-
rement à la République, lui apportent leur
longue expérience des affaires, avec tout
le dévouement d'un noble cœur! Arrière
donc ces irritantes catégories! arrière ces
exclusions systématiques! Ouvriers, sol-
dats, bourgeois, artistes, prêtres, magistrats, n'importe, qui que vous soyez, riches ou pauvres, si vous donnez à la République des preuves non équivoques de
patriotisme ; si vous êtes citoyens sans
tache et sans reproche; si vous êtes dignes
de porter votre cœur haut; si vous avez
du talent, du mérite; si vous pouvez rendre quelque service à l'Etat; si vous êtes
les vrais amis du peuple; si vous portez,
gravée au fond de votre âme, en caractères

de feu, cette belle devise républicaine : *liberté, égalité, fraternité !...* Oh! que la République vous ouvre ses bras; qu'elle vous appelle auprès d'elle pour lui servir de guide, pour l'éclairer de vos lumières; car malheur à elle si elle vous repoussait de son sein; si elle refusait de vous reconnaître pour ses dignes enfants!

Hommes de Février, vous que la dernière victoire du peuple va bientôt peut-être faire sortir de l'obscurité; vous qu'elle va conduire jusques au faîte du pouvoir, hommes de Février, ne vous divisez pas; soyez unis de cœur; que de mesquines rivalités personnelles ne vous fassent pas élever bannière contre bannière; gardez-vous bien de former des camps opposés les uns aux autres; serrez plutôt vos rangs. Marchez ensemble et de front sous le même drapeau républicain; autrement s'en est fait de la République : vos ennemis triompheront; vos luttes, vos combats, vos victoires tout sera perdu pour vous... demain il vous faudra revenir sur la place publique, et recommencer l'œuvre pour laquelle vos pères et vous combattez depuis tant de siècles. Méfiez-vous de ces hommes qui proclament la République ; crient bien haut ; se taisent au moment de l'action, et attendent pour se montrer encore de quel côté se rangera la victoire...

Hommes de Février, souvenez-vous encore des hommes de Juillet vos prédécesseurs ; comme vous, ils ont proclamé la souveraineté du peuple ; ils se sont mêlés après la victoire dans les rangs du peuple ; comme vous, ils pressaient dans leurs mains gantées les mains puissantes et calleuses de l'ouvrier qui était descendu dans la rue pour combattre ; comme vous, ils lui ont fait de magnifiques promesses qu'ils n'ont pas tenues : ils se sont servi du peuple comme d'un marche-pied pour arriver au faîte des honneurs, des richesses et du pouvoir... Et, ils ont oublié le peuple... Ils ont menti à leur promesse... Ils se sont fait un jeu cruel des larmes et de l'oppression du peuple... Et le peuple prenait patience ; et il souffrait... Il a demandé l'exécution du pacte qu'on avait fait avec lui...

Et on ne l'a pas écouté... Hommes de Février, vous savez le reste... Ne l'oubliez jamais !.. A vos œuvres nous allons bientôt vous connaître et vous juger... Faites que vos promesses ne soient pas menteuses... Le peuple se souvient, lui... Vous le savez... Que votre devise, *Liberté, Égalité, Fraternité,* soit écrite profondément dans vos cœurs, comme elle l'est sur votre drapeau ; et alors espérez bien de l'avenir de la France : et alors il n'y aura plus qu'un seul vœu, qu'un seul cri, *vive la République !* Alors la nation française reprendra sa place à la tête des nations, et le peuple vous bénira.

Le Solitaire Agenais.

# UN MOT



sur

## LES PROFESSIONS DE FOI POLITIQUES.

———

Les professions de foi se multiplient aujourd'hui à l'infini. Les colonnes des journaux de notre département en sont pleines. C'est vraiment à ne pas y croire. Nous marchons d'étonnement en étonnement ; les miracles abondent. Le dernier sonneur de cloche du dernier village de l'Agenais, comme le plus petit avocat de la plus petite justice de paix, vont bientôt être transformés en autant de Daguesseau et de Montesquieu Nous en avons presque le vertige ! Tout le monde est aujourd'hui républicain ; tout le monde a voulu la République, tous ont travaillé, tous se sont sacrifiés pour elle. C'est merveilleux !

Puisque tout le monde s'en mêle, il sera

donc bien permis au *Solitaire Agenais* de faire aussi sa profession de foi, et de prouver ce qu'il a toujours été, ce qu'il est, non par des paroles menteuses et de circonstance, mais par des faits et des écrits. Car on le dit bien souvent, et l'on devrait s'en souvenir : *les paroles volent et les écrits restent.* Certes, le *Solitaire* en sait quelque chose de cet adage.

Voici donc sa profession de foi :

En 1832, le *Solitaire* s'exprimait ainsi dans un petit écrit en vers, un peu prosaïque, si vous le voulez, mais dont les sentiments étaient bien l'expression sincère de son cœur :

. . . . . . . . . . . . . . . . . . . . . . . . . . . . . .

Liberté ! liberté ! tu n'es plus sur la terre !
Les mortels en ton nom se déclarent la guerre :
Tu fuis épouvantée à l'aspect de ces maux ;
Partout l'on te trahit, et l'on vend tes lambeaux.

. . . . . . . . . . . . . . . . . . . . . . . . . . . . . .

L'on ne me verra pas, rampant adulateur,
D'un pouvoir qui grandit mendier la faveur,
Et l'encensoir en main chercher le nouveau maître ;
Je n'encense que Dieu, Dieu seul a droit de l'être.

. . . . . . . . . . . . . . . . . . . . . . . . . . . . . .

Le *Solitaire*, en 1830, salua avec bonheur la liberté qui se présentait alors si
belle et si pleine de brillantes espérances,
et en 1832, il disait au risque d'une des-
titution, et il fut destitué :

. . . . . . . . . . . . . . . . . . . . . . . . . . . . . . . . . . . . . . .

Sans doute, j'ai chanté les jours de la victoire,
Des héros de Juillet j'ai célébré la gloire ;
J'ai salué le jour où la grandé cité
Fit retentir ses murs du cri de *liberté* ;
Mais alors tout mon cœur était plein d'espérance,
Il croyait à la gloire, au bonheur de la France.

. . . . . . . . . . . . . . . . . . . . . . . . . . . . . . . . . . . . . . .

Et deux ans sont passés ! et nous voyons encor
De nouveaux courtisans enrichis de notre or.
Partout règne sans crainte un honteux arbitraire ;
*Et le Peuple est toujours plongé dans la misère !*

. . . . . . . . . . . . . . . . . . . . . . . . . . . . . . . . . . . . . . .

Oui, de la Liberté je suis adorateur,
Mais je hais le pouvoir qui devient oppresseur,
Et qui s'environnant de flatteurs mercenaires,
Oublie au milieu d'eux nos maux et nos misères.

. . . . . . . . . . . . . . . . . . . . . . . . . . . . . . . . . . . . . . .

O ! Clergé, devant toi quelle moisson de gloire !
Quelle page tu peux occuper dans l'histoire !
Entends gronder au loin ces confuses clameurs.
Eh bien ! tu peux encor reconquérir les cœurs.
Oui, ton jour est venu ; hâte-toi, le temps presse ;
Et tous ces courtisans que l'or du peuple engraisse,

Montre donc aujourd'hui jusqu'où va ta grandeur.
*De ces rois chancelants laisse là la faveur*,
Dans le Dieu que tu sers remets ton espérance,
Et dans ta pauvreté place encor ta puissance.

. . . . . . . . . . . . . . . . . . . . . . . . . . . . . . . . . . . . .

A-t-elle donc besoin du secours d'un mortel,
Cette religion, qui de la terre au ciel
Elève de la Foi l'immuable colonne ?
Quand un roi qui nous trompe est tombé de son trône,
Dieu nous reste ; et sa croix au-dessus des berceaux
Paraît, brille toujours comme sur les tombeaux.
Immobile elle voit les trônes disparaître,
Sur leurs débris fumants d'autres trônes renaître.
Jamais elle ne voit son éclat s'obscurcir ;
Le passé, le présent, ainsi que l'avenir,
Elle réunit tout : l'ignorant et le sage,
Devant elle inclinés, viendront lui rendre hommage.

. . . . . . . . . . . . . . . . . . . . . . . . . . . . . . . . . . . . .

Voilà la profession de foi politique du *Solitaire*. Elle ne vient pas après la victoire, et lorsqu'il n'y a plus rien à redouter ; elle a été faite lorsque le pouvoir renversé était dans toute la plénitude de sa puissance... Que tous ces crieurs de profession, ces grands républicains d'aujourd'hui, ces avides frelons du budget, nous disent ce qu'ils étaient hier, non en faisant de belles professions de foi, — hélas !

ne sait-on pas aujourd'hui ce qu'elles va-
lent! — mais en nous citant des faits ; les
faits seuls nous persuadent par le temps
qui court.

Le Solitaire Agenais.